En moins de 30 min

Nathalie Marie-Jeanne Hibon

# En moins de 30 min

30 recettes délicieuses et rapides pour tous les jours

Copyright © 2023 Nathalie Marie-Jeanne Hibon

Tous droits réservés.

ISBN : 9798386669348

## DÉDICACE

À ma mère et mon père, sans qui je n'aurais jamais écrit ce livre. Je leur dédie ce livre de recettes en guise de remerciement pour m'avoir transmis cette passion pour la cuisine. Grâce à eux, j'ai appris l'amour des saveurs, des textures et des ingrédients, et j'ai pu développer mon propre talent culinaire.

# Table de recettes

### *Petits déjeuners*

| | |
|---|---|
| Œuf cocotte, pomme et fromage de chèvre | 12-13 |
| Tartine de saumon fumé, avocat et œuf poché | 14-15 |
| Tartine de Mamirolle, champignons et œufs pochés | 16-17 |

### *Apéritifs*

| | |
|---|---|
| Beignets de chou-fleur | 18-19 |
| Frites de courgette | 20-21 |
| Rouleaux de printemps aux crevettes | 22-23 |
| Samoussas au fromage | 24-25 |

### *Soupes*

| | |
|---|---|
| Bisque de homard | 26-27 |
| Tom Kha Gai | 28-29 |
| Velouté de poireau | 30-31 |

### *Salades*

| | |
|---|---|
| Salade de burrata | 32-33 |
| Salade de quinoa aux légumes | 34-35 |
| Salade de riz et thon-maïs | 36-37 |

## Tapas et entrées crus

| | |
|---|---|
| Carpaccio de bœuf et sa roquette | 38-39 |
| Ceviche de cabillaud | 40-41 |
| Tartare de bœuf | 42-43 |
| Tartare de saumon | 44-45 |

## La mer

| | |
|---|---|
| Moules marinières | 46-47 |
| Poke bowl au saumon | 48-49 |
| Quesadillas aux crevettes et champignons | 50-51 |
| Saumon grillé au miel et à la moutarde | 52-53 |

## Fusion et risotto

| | |
|---|---|
| Pita Margherita | 54-55 |
| Poutine haricots tempura | 56-57 |
| Risotto aux champignons | 58-59 |

## Pasta

| | |
|---|---|
| Fettuccine aux crevettes et sa crème de fromage bleu | 60-61 |
| Fettuccine jambalaya | 62-63 |
| Udon au concombre et sauce arachide | 64-65 |

## La terre

| | |
|---|---|
| Chili con carne | 66-67 |
| Poulet au curry | 68-69 |
| Rougail saucisses | 70-71 |

## REMERCIEMENTS

Je remercie Dieu pour toutes les bénédictions qu'Il a données à ma famille et pour la chance que j'ai de pouvoir partager ma passion culinaire avec mes proches. Que chaque recette de ce livre soit une offrande de gratitude pour les merveilles de la nature et de la vie.

# Les 30 recettes

# Œuf cocotte, pomme et fromage de chèvre

Préparation **30 minutes**

Pour **2 personnes**

*465 calories*

*35g lipides*

*20g glucides*

*18g protéines*

*2g fibres*

*460mg sodium*

## Ingrédients

- 200g de fromage de chèvre
- 2 œufs
- 100ml de crème fraîche
- 1 gousse d'ail, hachée
- 1 échalote, hachée
- 1 pomme, épluchée et coupée en fines tranches
- 1 oignon vert, émincé
- 1 cuillère à soupe d'huile d'olive
- 1 pincée de sel
- 1 pincée de poivre
- Pain grillé

## Préparation

1. Préchauffer le four à 225°C.
2. Dans une poêle, faire chauffer l'huile d'olive à feu moyen et faire revenir l'échalote pendant 2 minutes, ajouter l'ail et faire revenir 30 secondes

supplémentaires et réserver.
3. Dans un bol, mélanger le fromage de chèvre, la crème fraîche, le sel et le poivre. Ajouter l'échalote et l'ail à ce mélange et bien remuer.
4. Verser la préparation dans deux petites cocottes en céramique allant au four et ajouter les tranches de pommes, les oignons verts et 1 œuf dans chaque cocotte.
5. Enfourner pendant 15 minutes.
6. Servir avec du pain grillé.

# Astuces

Pour un résultat plus crémeux, ne mettre que les jaunes d'œufs dans les cocottes.

Garnir de persil haché au moment de servir.

Remplacer la pomme par une poire si souhaité.

# Tartine de saumon fumé à l'avocat et œuf poché

Préparation **20 minutes**

Pour **2 personnes**

*575 calories*

*42g lipides (dont 6 g d'acides gras saturés)*

*28g glucides*

*13g fibres*

*25g protéines*

## Ingrédients

- 2 tranches de pain de seigle
- 2 avocats mûrs
- 2 œufs
- 4 tranches de saumon fumé
- 1 échalote, finement hachée
- 1 gousse d'ail, finement hachée
- ½ tasse de feuilles de coriandre, finement hachées
- 1 petite poignée de verdure (roquette, jeunes pousses, etc.)
- 1 cuillère à soupe d'huile d'olive
- 1 cuillère à soupe de jus de citron
- Sel et poivre

## Préparation

1. Faire griller les tranches de pain.
2. Pendant que les tranches de pain grillent, écraser les avocats dans un bol avec une fourchette. Ajouter l'échalote, l'ail, la coriandre, le jus de citron, l'huile d'olive, le sel et le poivre. Mélanger bien le tout.
3. Porter une petite casserole d'eau à ébullition. Ajouter une cuillère à soupe de vinaigre blanc dans l'eau bouillante. Avec une cuillère en bois, créer un tourbillon dans l'eau bouillante, casser l'œuf et le verser tout doucement dans le tourbillon. Faire cuire entre 2 à 4 minutes. À l'aide d'un écumoire, retirer l'œuf poché de l'eau et le placer sur une assiette doublée d'un papier absorbant pour enlever l'excès d'eau. Répéter les étapes pour le deuxième œuf.
4. Étaler la purée d'avocat sur les tartines grillées, poser les tranches de saumon fumé sur la purée et placer les œufs pochés sur le saumon.
5. Assaisonner de sel et de poivre les œufs pochés et garnir de verdure. Servir.

## Astuces

Pour ajouter une touche de croquant à la recette, garnir les tartines avec des graines de sésame, des noix concassées ou des câpres.

Pour un peu de piquant, ajouter un piment rouge ou un piment d'Espelette à la purée d'avocat.

# Tartine de Mamirolle, champignons et œufs pochés

Préparation **30 minutes**

Pour **2 personnes**

*500 calories*

*25g lipides*

*30g glucides*

*5g fibres*

*30g protéines*

## Ingrédients

- 2 tranches épaisses de pain de campagne
- 2 tranches de fromage Mamirolle
- 4 œufs
- 200g de champignons frais de Paris, coupés en quartiers
- ¼ tasse de crème fraîche
- ½ cuillère à soupe de feuilles de sauge fraîches, hachées
- 2 gousses d'ail, hachées
- 1 cuillère à soupe de beurre
- Sel et poivre
- 2 poignées de verdure (mâche, roquette ou jeunes pousses)
- 1 cuillère à soupe de ciboulette fraîche, ciselée

## Préparation

1. Préchauffer le four à 180°C.

2. Déposer une tranche de fromage sur chaque tranche de pain et enfourner pendant 10 minutes pour que le fromage soit légèrement fondu.
3. Porter une petite casserole d'eau à ébullition. Ajouter une cuillère à soupe de vinaigre blanc dans l'eau bouillante. Avec une cuillère en bois, créer un tourbillon dans l'eau bouillante, casser l'œuf et le verser tout doucement dans le tourbillon. Faire cuire entre 2 à 4 minutes. À l'aide d'un écumoire, retirer l'œuf poché de l'eau et le placer sur une assiette doublée d'un papier absorbant pour enlever l'excès d'eau. Répéter les étapes pour les autres œufs.
4. Dans une poêle à feu moyen, faire fondre le beurre. Ajouter les champignons, l'ail et la sauge et faire revenir jusqu'à ce que les champignons soient dorés.
5. Ajouter la crème fraîche aux champignons et laisser mijoter pendant quelques minutes, jusqu'à ce que la sauce ait épaissi. Ajouter du sel et du poivre.
6. Disposer chaque tranche de pain sur une assiette. Déposer les œufs sur les tranches de pain et répartir les champignons tout autour des œufs.
7. Parsemer de la ciboulette fraîche sur les œufs pochés et garnir de verdure.
8. Servir immédiatement.

## Astuce

Pour éviter que les champignons produisent trop d'eau, les faire sauter à feu vif et en petite quantité.

# Beignets de chou-fleur

Préparation **15 minutes**

Pour **4 personnes**

*249 calories*

*16g lipides*

*21g glucides*

*4g fibres*

*7g protéines*

## Ingrédients

- 1 petit chou-fleur
- 1 tasse de farine tout usage
- 1 cuillère à café de levure chimique
- ½ cuillère à café de sel
- ¼ de cuillère à café de poivre
- ½ tasse de lait
- 1 œuf
- 1 cuillère à soupe d'huile d'olive
- Huile pour la friture

## Préparation

1. Laver et sécher le chou-fleur. Enlever les feuilles et le trognon, et couper le chou-fleur en petits bouquets.
2. Dans un grand bol, mélanger la farine, la levure chimique, le sel et le poivre.

3. Dans un autre bol, battre l'œuf et ajouter le lait et l'huile d'olive. Bien mélanger.
4. Ajouter le mélange d'œuf et de lait dans le bol de farine et bien mélanger jusqu'à l'obtention d'une pâte lisse.
5. Faire chauffer l'huile pour la friture dans une grande poêle à feu moyen.
6. Tremper chaque bouquet de chou-fleur dans la pâte à beignets, en le tournant pour bien le recouvrir. Tapoter légèrement pour enlever l'excès de pâte.
7. Faire frire les beignets de chou-fleur dans l'huile chaude pendant 3 minutes, jusqu'à ce qu'ils soient dorés et croustillants. Retirer de l'huile et égoutter sur du papier absorbant.
8. Servir chaud avec une sauce de votre choix, telle que de la mayonnaise épicée.

## Astuces

Il est important de bien sécher le chou-fleur avant de le découper et de le tremper dans la pâte à beignets pour éviter que la pâte se détache.

Pour varier les saveurs, on peut ajouter des épices ou des herbes fraîches à la pâte de beignets, comme du cumin, du paprika ou du persil haché.

Surveiller la cuisson et retourner les beignets à mi-cuisson pour qu'ils cuisent uniformément.

# Frites de courgettes

Préparation **30 minutes**

Pour **2 personnes**

*318 calories*

*14g lipides*

*35g glucides*

*3g fibres*

*13g protéines*

*2g sucres*

*754mg sodium*

## Ingrédients

- 2 courgettes moyennes, coupée en bâtonnets
- ¼ tasse de farine tout usage
- ½ tasse de fromage parmesan, râpé
- ½ tasse de chapelure
- 1 cuillère à café de paprika
- ½ cuillère à café d'ail en poudre
- ½ cuillère à café de sel
- 2 œufs, battus
- Huile de cuisson

## Préparation

1. Préchauffer le four à 200°C. Tapisser une plaque de cuisson de papier sulfurisé et réserver.
2. Laver les courgettes et les couper en bâtonnets de taille égale.

3. Dans un bol, mélanger la farine, la chapelure, le parmesan, le paprika, l'ail et le sel.
4. Dans un autre bol, battez les œufs.
5. Tremper chaque bâtonnet de courgette dans l'œuf battu, puis l'enrober du mélange de chapelure et de fromage parmesan.
6. Disposer les bâtonnets de courgette enrobés sur la plaque de cuisson préparée.
7. Vaporiser de l'huile de cuisson sur les bâtonnets de courgette.
8. Enfourner les bâtonnets de courgette pendant 15 à 20 minutes.
9. Retourner les bâtonnets de courgettes à mi-cuisson pour qu'ils soient bien dorés et croustillants des deux côtés.
10. Retirer du four et servir chaud avec une sauce de votre choix.

## Astuces

Utiliser de la chapelure panko : la chapelure panko est plus légère et plus croustillante que la chapelure ordinaire, ce qui en fait un excellent choix pour enrober les bâtonnets de courgette.

Ne pas surcharger la plaque de cuisson : pour que les frites de courgettes soient croustillantes, il est important de les disposer en une seule couche sur la plaque de cuisson, sans les superposer. Si vous devez en faire cuire en plusieurs fois, utiliser plusieurs plaques de cuisson ou faire cuire en plusieurs fournées.

Personnaliser les assaisonnements : vous pouvez personnaliser les assaisonnements en ajoutant vos épices préférées ou en utilisant un mélange d'herbes fraîches hachées comme le thym ou le romarin.

# Rouleaux de printemps aux crevettes

Préparation **20 minutes**

Pour **4 personnes**

*280 calories*

*8g lipides*

*34g glucides*

*19g protéines*

*4g fibres*

*480mg sodium*

## Ingrédients

- 8 feuilles de riz
- 16 crevettes décortiquées et cuites
- 1 carotte, coupée en fines lamelles
- 1 concombre, coupé en fines lamelles
- 100g de vermicelles de riz
- 8 feuilles de salade verte
- ¼ tasse de menthe fraîche, hachée
- ¼ tasse de coriandre fraîche, hachée

**Pour la sauce:**

- 3 cuillères à soupe de beurre de cacahuètes
- 1 cuillère à soupe de sauce soja
- 1 cuillère à soupe de miel
- 1 cuillère à soupe de vinaigre de riz
- 1 gousse d'ail
- ¼ tasse d'eau chaude

- Quelques gouttes de jus de lime
- 1 cuillère à soupe de graines de sésame grillées

# Préparation

1. Faire cuire les vermicelles de riz pendant 3 minutes dans l'eau bouillante et les laisser refroidir.
2. Préparer la sauce à l'aide d'un mixeur, sans les graines de sésame.
3. Tremper les feuilles de riz dans de l'eau tiède pendant 5 à 10 secondes et les étendre sur un linge humide. Cela empêchera qu'elles ne collent au plan de travail.
4. Placer une feuille de salade verte sur chaque feuille de riz, suivie de quelques lamelles de carotte et de concombre, des crevettes, des vermicelles de riz, de la menthe et de la coriandre.
5. Rouler les rouleaux de printemps en repliant les côtés droit et gauche, puis rouler la feuille de haut en bas fermement.
6. Servir avec la sauce arachide parsemée de graines de sésame.

# Astuces

Ne pas faire tremper les feuilles de riz trop longtemps dans l'eau tiède, sinon elles risquent de se déchirer.

Bien égoutter les vermicelles de riz après cuisson pour éviter que les rouleaux ne deviennent trop humides.

Pour un résultat plus esthétique, couper les légumes en fines lamelles de taille similaire.

Pour une sauce plus liquide, ajouter un peu plus d'eau et pour une sauce plus épaisse, ajouter plus de beurre de cacahuètes.

# Samoussas au fromage

Préparation **30 minutes**

Pour **4 personnes**

*510 calories*

*36g lipides*

*34g glucides*

*2g fibres*

*18g protéines*

*2g sucres*

*808mg sodium*

## Ingrédients

- 4 feuilles de pâte à samoussas (feuilles de blé)
- 200g de fromage râpé (cheddar, mozzarella, etc.)
- ½ oignon, haché
- 1 petit piment rouge, finement haché
- ¼ tasse de coriandre fraîche, hachée
- 1 cuillère à soupe de jus de citron vert
- 1 cuillère à café de cumin moulu
- ½ cuillère à café de paprika
- ¼ cuillère à café de sel
- 1 œuf battu
- Huile pour la friture

## Préparation

1. Dans un grand bol, mélanger le fromage râpé, l'oignon, le piment, la coriandre,

le jus de citron vert, le cumin, le paprika et le sel.
2. Prendre la feuille de blé et la couper en 4 bandes.
3. Déposer une cuillère à café de garniture au fromage à une extrémité de chaque bande. Repliez chaque bande en triangle en serrant bien pour former des samoussas. Badigeonner le bord de chaque samoussa avec l'œuf battu pour les fermer hermétiquement.
4. Répéter l'opération avec les autres feuilles de blé et la garniture au fromage jusqu'à ce que tout soit utilisé.
5. Faire chauffer l'huile à friture dans une casserole à feu moyen-vif. Faire frire les samoussas pendant 3 minutes, jusqu'à ce qu'ils soient dorés et croustillants.
6. Égoutter les samoussas sur du papier absorbant pour retirer l'excès d'huile et servir.

## Astuces

Il est important de bien serrer les samoussas lorsque vous les repliez pour qu'ils ne se défassent pas pendant la friture.

S'assurer que l'huile soit bien chaude avant d'y plonger les samoussas pour éviter que les samoussas collent à la poêle lors de la friture.

# Bisque de homard

Préparation **30 minutes**

Pour **2 personnes**

*450 calories*

*30g lipides*

*15g glucides*

*25g protéines*

## Ingrédients

- 2 homards, cuits et décortiqués
- 2 cuillères à soupe de beurre
- 1 oignon, haché
- 2 gousses d'ail, hachées
- 1 cuillère à soupe de concentré de tomate
- 1 cuillère à soupe de farine
- 1 tasse de vin blanc
- 2 tasses de bouillon de homard (ou de poulet)
- ½ tasse de crème fraîche
- Sel et poivre
- Persil frais, haché

## Préparation

1. Dans une casserole à feu moyen, faire fondre le beurre. Ajouter l'oignon et l'ail et faire revenir jusqu'à temps qu'ils soient tendres.

2. Ajouter le concentré de tomates et de farine, et mélanger pour bien les incorporer. Ajouter le vin blanc et le bouillon, et porter à ébullition.
3. Réduire le feu et laisser mijoter pendant 10 minutes.
4. Ajouter la chair de homard et la crème fraîche, et mélanger jusqu'à ce que la soupe soit bien chaude.
5. Assaisonner avec du sel et du poivre, garnir de persil et servir immédiatement avec du pain grillé.

le temps de préparation de cette recette.

## Astuces

Ne pas jeter vos carcasses de homard pour pouvoir préparer votre bouillon de homard maison et pouvoir le conserver au réfrigérateur pour des recettes comme celle-ci.

Demander à un poissonnier du homard cuit pour réduire

# Tom Kha Gai (soupe thaïe au curry et lait de coco)

Préparation **15 minutes**

Pour **4 personnes**

*309 calories*

*20g lipides*

*18g glucides*

*3g fibres*

*16g protéines*

*800mg sodium*

## Ingrédients

- 1litre de bouillon de poulet ou de légumes
- 1 ½ tasses de lait de coco
- 2 cuillères à soupe de pâte de curry rouge
- 1 cuillère à soupe de sucre de palme (ou de sucre brun)
- 2 cuillères à soupe de sauce de poisson
- 1 tige de citronnelle, coupée en deux et écrasée
- 3 feuilles de lime kaffir
- 1 petit piment rouge, émincé
- 200g de champignons de Paris, coupés en tranches
- 2 tomates moyennes, coupées en quartier
- 200g de tofu ferme, coupé en cubes
- ¼ tasse de feuilles de coriandre fraîches, hachées
- Sel et poivre

- 1 lime

# Préparation

1. Dans une casserole moyenne, mélanger le bouillon, le lait de coco, la pâte de curry rouge, le sucre, la sauce de poisson, la citronnelle, les feuilles de lime kaffir et le piment. Porter à ébullition à feu moyen-vif.
2. Ajouter les champignons, les tomates et le tofu. Réduire le feu à moyen et laisser mijoter pendant 10 minutes, jusqu'à ce que les légumes soient tendres et le tofu soit bien chaud.
3. Ajouter la coriandre et assaisonner avec du sel et du poivre.
4. Servir chaud avec une tranche de lime par dessus.

# Astuces

Remplacer le tofu par du poulet cuit pour plus de protéines et de goût.

Pour écraser la citronnelle, utiliser le dos d'un couteau puis la couper en morceaux pour libérer plus de saveur.

Si vous ne trouvez pas de feuilles de lime kaffir, vous pouvez les remplacer par des feuilles de lime régulières ou du zeste de lime.

Goûter la soupe avant de la servir et ajuster l'assaisonnement selon votre préférence. Si elle est trop épicée, ajouter du sucre ou du lait de coco pour adoucir le goût.

# Velouté de poireau

Préparation **30 minutes**

Pour **4 personnes**

*250 calories*

*12g lipides*

*28g glucides*

*6g protéines*

*4g fibres*

*710mg sodium*

## Ingrédients

- 2 poireaux moyens, coupés en rondelles
- 1 oignon moyen, haché
- 2 pommes de terre moyennes, pelées et coupées en cube
- 4 tasses de bouillon de légumes
- ½ tasse de crème fraîche
- 2 cuillères à soupe de beurre
- Sel et poivre
- Persil frais, haché

## Préparation

1. Dans une grande casserole, faire fondre le beurre à feu moyen. Ajouter l'oignon et les poireaux et faire revenir pendant 5 minutes
2. Ajouter les cubes de pommes de terre et le bouillon de légumes et porter à ébullition.

Réduire le feu et laisser mijoter pendant 15 minutes.
3. Retirer la casserole du feu et utiliser un mixeur plongeant pour réduire la soupe en purée lisse.
4. Ajouter la crème fraîche en remuant jusqu'à ce qu'elle soit bien incorporée.
5. Assaisonner avec du sel et du poivre et garnir de persil frais haché. Servir.

Pour un velouté plus épicé, ajouter une pincée de piment rouge et de poivre de Cayenne.

## Astuces

Ajouter d'autres légumes à cette recette pour varier les saveurs, comme des carottes, du céleri ou des courgettes.

Pour une version plus légère de cette recette, remplacer la crème fraîche par du lait écrémé ou de la crème légère.

Pour un velouté plus crémeux, ajouter du fromage frais ou de la crème mascarpone.

# Salade de burrata

Préparation **10 minutes**

Pour **2 personnes**

*530 calories*

*44g lipides*

*11g glucides*

*2g fibres*

*20g protéines*

## Ingrédients

- 2 boules de burratas
- 4 tasses de roquette
- 2 tasses de tomates cerises, coupées en deux
- ¼ tasse de basilic frais, haché
- ¼ tasse d'huile d'olive extra-vierge
- 2 cuillères à soupe de vinaigre balsamique
- Sel et poivre

## Préparation

1. Dans un grand saladier, mélanger la roquette, les tomates cerises et le basilic.
2. Ajouter de l'huile d'olive et le vinaigre balsamique et mélanger pour bien enrober les ingrédients.
3. Assaisonner avec du sel et du poivre.

4. Diviser la salade en deux portions égales sur des assiettes.
5. Placer une boule de burrata sur chaque portion de salade et servir immédiatement.

## Astuces

Utiliser des ingrédients frais et de qualité, car ils seront la base de la saveur de cette salade.

Laisser la burrata à température ambiante 15 minutes avant de la couper. Cela permettra à la texture crémeuse de la burrata de se ramollir légèrement et de devenir plus facile à couper.

Pour une présentation plus élégante, rajouter des filets de crème de vinaigre balsamique sur la salade ainsi que des jeunes pousses d'épinards sous la burrata pour créer un lit de verdure.

# Salade de Quinoa aux légumes

Préparation **15 minutes**

Pour **2 personnes**

*357 calories*

*16g lipides*

*44g glucides*

*8g fibres*

*10g protéines*

*438mg sodium*

## Ingrédients

- 1 tasse de quinoa
- 1 ¾ tasses d'eau
- 1 poivron rouge, haché
- 1 poivron vert, haché
- ½ oignon rouge, haché
- 1 petite courgette, coupée en dés
- 1 tasse de tomates cerises, coupées en 2
- 1 tasse de concombre, coupé en dés
- ¼ tasse de coriandre, hachée
- 4 cuillères à soupe d'huile d'olive
- ¼ tasse de vinaigre balsamique
- Sel et poivre

## Préparation

1. Rincer le quinoa sous l'eau chaude et le mettre dans une casserole avec de l'eau. Porter à

ébullition, réduire le feu et laisser mijoter pendant 10 à 15 min, jusqu'à ce que le quinoa soit tendre.
2. Pendant que le quinoa cuit, préparer les légumes, la coriandre, l'huile d'olive et le vinaigre dans un saladier.
3. Incorporer le quinoa cuit avec les légumes et la vinaigrette et bien mélanger.
4. Assaisonner avec du sel et du poivre selon votre goût.

## Astuces

Cuire le quinoa à l'avance et le laisser refroidir avant de l'ajouter aux légumes. Cela permettra d'obtenir une texture plus ferme et évitera que les légumes deviennent trop mous.

Ajouter une cuillère à soupe de jus de citron frais pour donner à la sauce une saveur légèrement acidulée.

# Salade de riz et thon-maïs

Préparation **30 minutes**

Pour **2 personnes**

*320 calories*

*14g lipides*

*39g glucides*

*4g fibres*

*10g protéines*

*7g sucres*

*397mg sodium*

## Ingrédients

- 200g de riz blanc (1 tasse de riz non cuit)
- 1 boîte de thon en conserve
- 1 petite boîte de maïs en conserve
- 1 poivron rouge ou jaune, coupé en dés
- 1 oignon rouge, coupé en dés
- 1 concombre, coupé en dés
- 2 tomates italiennes, coupées en dés
- ½ tasse de coriandre, hachée

**Pour la vinaigrette:**

- ¼ tasse de vinaigre de vin rouge
- ¼ tasse d'huile d'olive
- ¼ tasse de mayonnaise
- Sel et poivre

## Préparation

1. Faire cuire le riz selon les instructions sur l'emballage et le laisser refroidir pendant 10 minutes.
2. Pendant que le riz refroidit, préparer les légumes.
3. Mélanger tous les ingrédients de la vinaigrette dans un petit bol.
4. Égoutter et émietter le thon. Ajouter le thon dans un saladier avec le riz cuit, le maïs, les légumes coupés en dés et la coriandre.
5. Verser la vinaigrette sur le mélange et remuer bien pour enrober tous les ingrédients de la salade.
6. Servir.

## Astuces

Réfrigérer la salade 1 heure avant de servir pour permettre aux saveurs de se mélanger.

Remplacer la coriandre par du persil si souhaité.

Ajouter des olives noires pour plus de saveur.

Parfait à préparer avec un restant de riz.

# Carpaccio de bœuf et sa roquette

Préparation **15 minutes**

Pour **4 personnes**

*310 calories*

*23g lipides*

*5g glucides*

*1g fibres*

*23g protéines*

## Ingrédients

- 400g de filet de bœuf
- 2 citrons
- 4 cuillères à soupe d'huile d'olive extra vierge
- 50g de parmesan en copeaux
- ½ oignon rouge, coupé en fines lamelles
- ½ bouquet de persil, finement haché
- ½ bouquet de basilic, finement haché
- ½ cuillère à café de moutarde de Dijon
- 1 cuillère à soupe de vinaigre balsamique
- 1 gousse d'ail, finement hachée
- 10 tomates cerises, coupées en deux
- 2 poignées de roquette

## Préparation

1. Sortir le filet de bœuf du réfrigérateur 30

minutes avant de le préparer pour qu'il atteigne une température ambiante.
2. Dans un bol, râper un zeste de citron et extraire le jus des deux citrons. Ajouter l'huile d'olive, la moutarde de Dijon, le vinaigre balsamique, l'ail, le persil, le basilic, l'oignon rouge, le sel et le poivre. Mélanger la marinade.
3. Couper le filet de bœuf en tranches fines et les disposer sur une assiette.
4. Verser la marinade sur les tranches de bœuf en prenant soin de bien les recouvrir. Laisser reposer 10 minutes.
5. Disposer la roquette sur le dessus du carpaccio, ajouter les copeaux de parmesans et les tomates cerises.
6. Arroser le tout avec un peu de marinade restante et servir.

## Astuces

Demander à un boucher de préparer un filet de bœuf de qualité en tranches fines.

Pour encore plus de saveur, ajouter des olives noires, des câpres ou des cornichons finement hachés à la marinade.

# Ceviche de cabillaud

Préparation **25 minutes**

Pour **2 personnes**

*190 calories*

*5g lipides*

*11g glucides*

*2g fibres*

*24g protéines*

*275mg sodium*

## Ingrédients

- 500g de filet de cabillaud frais (ou autre poisson blanc tel que le bar), coupé en petits dés
- 4 citrons verts
- 1 oignon rouge, coupé en fines lamelles
- 1 piment rouge, épépiné et finement haché
- 1 gousse d'ail, finement hachée
- ½ bouquet de coriandre fraîche, finement hachée
- ½ bouquet de menthe fraîche, finement hachée
- Sel et poivre

## Préparation

1. Dans un grand bol, mélanger les dés de poisson avec le jus de citron vert et une pincée de sel. Laisser mariner pendant 10 minutes, jusqu'à ce

que le poisson soit opaque et ferme.
2. Pendant ce temps, préparer les légumes. Couper l'oignon, hacher le piment, la gousse d'ail, la coriandre et la menthe.
3. Une fois le poisson mariné, ajouter les légumes hachés au bol, ainsi que l'ail haché. Mélanger délicatement pour bien enrober tous les ingrédients.
4. Ajouter une pincée de poivre et servir immédiatement. Accompagner de chips de maïs.

En cas de doute, congeler le poisson avant de le préparer.

Utiliser uniquement du jus de citron frais.

Servir dans des verres à martini.

## Astuces

Ajouter d'autres ingrédients, tels que des crevettes, des avocats, des mangues, des concombres ou des tomates, pour personnaliser votre ceviche.

Choisir un poisson frais et de qualité pour éviter toute contamination bactérienne.

# Tartare de bœuf

Préparation **20 minutes**

Pour **2 personnes**

*505 calories*

*35g lipides (dont 10g d'acides gras saturés)*

*3g glucides*

*44g protéines*

*1g fibres*

## Ingrédients

- 300g de filet de bœuf, haché finement
- 2 jaunes d'œufs
- 2 jaunes d'œufs de caille
- 1 échalote, hachée finement
- 1 cuillère à soupe de câpres, hachées
- 2 cuillères à soupe de persil frais, haché
- 1 cuillère à soupe de moutarde de Dijon
- 1 cuillère à soupe de sauce Worcestershire
- 1 cuillère à soupe de jus de citron
- 1 cuillère à soupe d'huile d'olive
- Pain grillé
- Sel et poivre

## Préparation

1. Placer le filet de bœuf haché dans un grand bol.

2. Ajouter les jaunes d'œufs, les câpres, le persil, la moutarde de Dijon, la sauce Worcestershire, le jus de citron, l'huile d'olive, le sel et le poivre.
3. Mélanger tous les ingrédients avec une fourchette jusqu'à ce qu'ils soient bien combinés.
4. Former chaque portion avec un anneau en métal.
5. Déposer un jaune d'œuf de caille sur chaque tartare et servir avec du pain grillé.

## Astuces

Choisir un filet de bœuf frais de qualité supérieure.

Placer la viande dans le congélateur quelques minutes avant de la hacher pour éviter toute prolifération bactérienne.

# Tartare de saumon

Préparation **20 minutes**

Pour **2 personnes**

*380 calories*

*28g lipides*

*6g glucides*

*27g protéines*

*1g fibres*

*890mg sodium*

## Ingrédients

- 400g de filet de saumon frais, sans peau et sans arêtes
- 1 échalote, hachée finement
- ½ lime
- 1 oignon vert, émincé
- 2 cuillères à soupe d'huile d'olive
- 1 cuillère à soupe de sauce soja
- 1 cuillère à soupe de moutarde de Dijon
- 1 cuillère à café de gingembre frais, râpé
- 1 cuillère à soupe de câpres, hachées
- 2 cuillères à café de sauce teriyaki
- Sel et poivre

## Préparation

1. Couper le saumon en petits cubes réguliers

et réserver dans un saladier.
2. Ajouter les échalotes au saumon.
3. Presser le jus de lime sur le mélange saumon-échalotes.
4. Dans un petit bol, mélanger l'huile d'olive, la sauce soja, la moutarde de Dijon, le gingembre, l'oignon vert, les câpres, le sel et le poivre. Fouetter pour bien mélanger.
5. Verser la sauce sur le saumon et mélanger délicatement.
6. Servir le tartare de saumon à l'aide d'un anneau en métal et verser 1 petite cuillère de sauce teriyaki sur chaque portion.
Accompagner de toasts.

saumon absorbe bien les saveurs.

Faire une étagère inférieure de crème d'avocat.

Ajouter des morceaux de concombre haché finement pour lui donner une texture croquante.

## Astuces

Recouvrir le saladier de pellicule plastique et réserver 30 minutes au réfrigérateur pour que le

# Moules marinières

Préparation **30 minutes**

Pour **4 personnes**

*455 calories*

*41g lipides*

*8g glucides*

*15g protéines*

*2g fibres*

*550mg sodium*

## Ingrédients

- 2kg de moules
- 2 carottes, coupées en petits dés ou râpées
- 2 branches de céleris, coupées en petis dés
- 2 échalotes, finement hachées
- 4 gousses d'ail, finement hachées
- 1 bouquet de persil, haché
- 250g de beurre
- 1 branche de thym
- 2 feuilles de laurier
- 250ml de vin blanc sec
- Sel et poivre

## Préparation

1. Dans une grande casserole, faire fondre la moitié du beurre à feu moyen. Ajouter l'oignon, puis ajouter l'ail, les carottes, les céleris, le sel et le

poivre, et faire revenir pendant 5 minutes.
2. Pendant ce temps, bien laver les moules.
3. Ajouter le thym, les feuilles de laurier et le vin dans la casserole. Porter à ébullition et laisser mijoter pendant 5 minutes.
4. Ajouter les moules dans la casserole. Couvrir et laisser cuire à feu moyen pendant 7 minutes.
5. Faire fondre le reste du beurre avec le persil dans une petite casserole et le verser sur les moules, puis remuer délicatement.
6. Retirer les moules de la casserole avec une écumoire et les placer dans un plat de service. Verser la sauce sur les moules et servir immédiatement.

Bien laver les moules avec une brosse et jeter celles qui ne se ferment pas au toucher.

## Astuces

Accompagner de frites-mayonnaise.

# Poke bowl au saumon

Préparation **30 minutes**

Pour **2 personnes**

*850 calories*

*39g lipides*

*67g glucides*

*41g protéines*

*12g fibres*

*930mg sodium*

## Ingrédients

- 2 tasses de riz calrose
- 400g de filet de saumon frais, coupé en dés
- ¼ de tasse de vinaigre de riz
- 1 avocat mûr, coupé en lanières
- 1 tasse d'edamames
- 1 tasse de mesclun ou de roquette
- ½ concombre, coupé en fines rondelles
- 1 carotte, coupée en fines lanières
- 2 cuillères à soupe de salade d'algues
- 3 oignons verts, émincés
- 2 cuillères à soupe de graines de sésame
- ½ échalote, hachée
- 1 cuillère à soupe de câpres, hachées
- 1 cuillère à café de jus de lime

- ½ cuillère à café de wasabi
- 1 cuillère à café de sauce teriyaki

**Sauce Wafu:**
- ¾ tasse de mayonnaise
- ¼ tasse de sauce soja
- 2 cuillères à soupe de vinaigre de riz
- 2 cuillères à soupe de miel
- 1 cuillère à soupe de gingembre frais, haché
- 1 cuillère à soupe d'huile de sésame

# Préparation

1. Préparer le riz selon les instructions du paquet et y verser le vinaigre de riz à la fin de cuisson en mélangeant bien.
2. Préparer la sauce wafu en mixant tous les ingrédients dans un petit bol. Dans un autre petit bol, mélanger le saumon avec 4 cuillères à soupe de sauce Wafu, l'échalote, les câpres, le jus de lime, le wasabi et la sauce teriyaki et laisser mariner pendant environ 10 minutes.
3. Répartir le riz dans deux bols.
4. Répartir l'avocat, la laitue, la carotte, les oignons verts, la salade d'algues, les edamames et le saumon sur le riz dans chaque bol.
5. Verser 1 cuillère à soupe de sauce Wafu en filament sur chaque poke bowl.
6. Garnir chaque bol de graines de sésame et servir.

# Astuces

Placer le saumon dans le congélateur quelques minutes avant de le couper pour éviter toute prolifération bactérienne.

Ajouter du thon frais pour plus de goût.

# Quesadillas aux crevettes et champignons

Préparation **30 minutes**

Pour **4 personnes**

*500 calories*

*23g lipides*

*34g glucides*

*36g protéines*

*2g fibres*

*850mg sodium*

## Ingrédients

- 500g de crevettes crues, décortiquées et finement hachées
- 100g de champignons, finement hachés
- 1 oignon, finement haché
- 2 gousses d'ail, finement hachées
- 2 cuillères à soupe d'huile d'olive
- 1 cuillère à café de cumin en poudre
- ½ cuillère à soupe de paprika en poudre
- Sel et poivre
- 8 tortillas de blé
- 2 tasses de fromage râpé

## Préparation

1. Dans une poêle, faire chauffer l'huile d'olive à feu moyen. Ajouter l'oignon et les champignons et faire revenir 5 minutes,

jusqu'à ce qu'ils soient dorés.
2. Ajouter les crevettes et l'ail et faire revenir pendant 3 minutes, jusqu'à ce que les crevettes soient cuites. Assaisonner avec le cumin, le paprika, le sel et le poivre.
3. Préchauffer une autre poêle à feu moyen. Placer une tortilla dans la poêle et ajouter une couche de fromage râpé, suivi du mélange de crevettes et de champignons. Ajouter une deuxième couche de fromage râpé et couvrir avec une deuxième tortilla. Faire cuire pendant 2 minutes de chaque côté, jusqu'à ce que le fromage soit fondu et que les tortillas soient légèrement dorées.
4. Répéter l'opération avec le reste des tortillas et le reste du mélange crevettes et champignons.
5. Couper les quesadillas en quartier et servir chaud.

## Astuces

Utiliser des crevettes fraîches pour une saveur plus intense.

Utiliser des champignons frais de qualité pour plus de saveur.

Utiliser du fromage cheddar, du fromage Monterey Jack ou du fromage mexicain pour un goût plus authentique.

Accompagner de salsa, de crème sure ou de guacamole et d'un quartier de citron vert pour chaque plat.

# Saumon grillé au miel et à la moutarde

Préparation **15 minutes**

Pour **4 personnes**

*358 calories*

*19g lipides*

*14g glucides*

*34g protéines*

*0,5g fibres*

*13g sucres*

## Ingrédients

- 4 filets de saumon
- 2 cuillères à soupe de miel
- 2 cuillères à soupe de moutarde de Dijon
- 1 cuillère à soupe d'huile d'olive
- Sel et poivre

## Préparation

1. Préchauffer le grill du four à haute température.
2. Dans un petit bol, mélanger le miel, la moutarde de Dijon, l'huile d'olive, le sel et le poivre.
3. Badigeonner généreusement chaque filet de saumon avec le mélange de miel et de moutarde.
4. Placer les filets de saumon sur une plaque de cuisson

recouverte de papier sulfurisé.
5. Enfourner les filets de saumon sous le grill du four pendant 5 minutes de chaque côté ou jusqu'à ce que le saumon soit cuit et doré sur le dessus.
6. Retirer les filets de saumon du four et servir chaud avec des légumes de saison, une salade verte ou du riz.

## Astuces

Ne pas hésiter à ajouter d'autres épices ou herbes à la marinade pour donner plus de saveur au saumon. Du thym, de l'ail ou du gingembre peuvent être de bonnes options.

Laisser le saumon mariner dans la marinade au moins 30 minutes avant de le griller. Cela permettra au poisson de bien absorber toutes les saveurs.

# Pita Margherita

Préparation **15 minutes**

Pour **2 personnes**

*480 calories*

*18g lipides*

*56g glucides*

*4g fibres*

*24g protéines*

*4g sucres*

*1080mg sodium*

## Ingrédients

- 2 pains pita
- ½ tasse de sauce tomate
- 1 tasse de mozzarella, râpée
- 2 tomates, coupées en tranche
- ¼ tasse de basilic frais
- Sel et poivre
- Huile d'olive

## Préparation

1. Préchauffer le four à 200°C.
2. Placer les pains pita sur une plaque à pâtisserie.
3. Étaler la sauce tomate sur chaque pain pita.
4. Ajouter la mozzarella sur la sauce tomate.
5. Disposer les tranches de tomates sur la mozzarella.
6. Saupoudrez de sel et de poivre.
7. Arroser d'un filet d'huile d'olive.

8. Enfourner pendant 10 minutes.
9. Garnir de basilic frais et servir.

## Astuces

Utiliser une sauce tomate de qualité. Une sauce tomate avec herbes italiennes ou basilic donne encore plus de saveur à cette recette.

Utiliser des tomates cerises ou des tomates italiennes.

Pour ajouter de la saveur, ajouter des herbes italiennes séchées, du basilic frais haché ou de l'ail haché à la garniture avant d'enfourner.

Cuire la pita plus longtemps pour une croûte plus croustillante.

Personnaliser la pita avec d'autres ingrédients, tels que des oignons, des champignons ou des poivrons. Cependant, ne pas trop charger les pitas pour éviter qu'elles ne deviennent trop lourdes et difficiles à manger.

# Poutine haricots tempura

Préparation **25 minutes**

Pour **2 personnes**

*570 calories*

*22g lipides ( dont 3g d'acides gras saturés)*

*78g glucides*

*20g protéines*

*6g fibres*

*1020mg sodium*

## Ingrédients

- 2 poignées d'haricots verts frais
- ½ tasse de farine tout usage
- ½ tasse de fécule de maïs
- 1 cuillère à café de poudre à pâte
- ½ cuillère à café de sel
- 1 œuf
- ½ tasse d'eau glacée
- Huile végétale pour la friture
- 2 tasses de fromage en grains
- 1 tasse de sauce poutine

## Préparation

1. Dans un bol moyen, mélanger la farine, la fécule de maïs, la poudre à pâte et le sel.
2. Ajouter l'œuf et l'eau glacée et mélanger jusqu'à obtenir une pâte lisse.

3. Ajouter les haricots verts à la pâte et mélanger jusqu'à ce qu'ils soient bien enrobés.
4. Faire chauffer l'huile végétale dans une grande casserole à feu moyen-élevé. Tester la température de l'huile en y plongeant un petit bout de pâte. Si l'huile frémit autour de la pâte, elle est prête.
5. Frire les haricots tempura par petites quantités pendant 4 minutes ou jusqu'à ce qu'ils soient dorés et croustillants. Égoutter les haricots tempura sur du papier absorbant.
6. Réchauffer la sauce poutine.
7. Disposer les haricots tempura dans des petits bols. Ajouter le fromage en grains par-dessus les haricots et verser la sauce poutine sur le fromage.
8. Servir immédiatement.

## Astuces

Utiliser des haricots verts frais pour une saveur et une texture optimale.

Veiller à ce que la pâte à tempura soit lisse et sans grumeaux en mélangeant bien tous les ingrédients ensemble. Utiliser une cuillère ou une spatule pour mélanger la pâte et non un fouet.

# Risotto aux champignons

Préparation **30 minutes**

Pour **4 personnes**

*400 calories*

*15g lipides (dont 7g d'acides gras saturés)*

*55g glucides*

*10g protéines*

*800mg sodium*

## Ingrédients

- 300g de riz arborio
- 1 litre de bouillon de légumes
- 250g de champignons, coupés en petits morceaux
- 1 oignon, émincé
- 2 gousses d'ail, hachées
- 50g de beurre
- 50g de parmesan, râpé
- 10cl de vin blanc sec
- Huile d'olive
- Sel et poivre

## Préparation

1. Dans une poêle, faire chauffer un peu d'huile d'olive et ajouter les champignons. Faire revenir 5 minutes et réserver.
2. Dans une casserole, faire chauffer le bouillon de légumes et

maintenir au chaud sur feu doux.
3. Dans une grande poêle, faire fondre le beurre à feu moyen. Ajouter l'oignon et l'ail et faire revenir 2 minutes.
4. Ajouter le riz et remuer jusqu'à ce qu'il soit bien enrobé de beurre et d'oignons. Verser le vin blanc et le laisser s'évaporer en remuant constamment.
5. Ajouter ensuite une louche de bouillon chaud et remuer jusqu'à ce que le riz ait absorbé tout le liquide. Répéter cette opération jusqu'à épuisement du bouillon.
6. Ajouter les champignons réservés dans le risotto et bien mélanger.
7. Ajouter le parmesan et remuer pour qu'il fonde et se mélange au risotto. Ajouter du sel et du poivre.
8. Servir chaud dans des assiettes creuses et garnir de copeaux de parmesan et de persil frais haché si souhaité.

# Fettuccine aux crevettes et sa crème de fromage bleu

Préparation **30 minutes**

Pour **6 personnes**

*663 calories*

*39g lipides*

*44g glucides*

*3g fibres*

*28g protéines*

*4,5 sucres*

*654mg sodium*

## Ingrédients

- 400g de fettuccine (ou linguine)
- 250g de champignons, coupés en tranches
- 3 gousses d'ail, hachées
- 1 échalote, hachée
- 2 cuillères à soupe de beurre
- 1 cuillère à soupe d'huile d'olive
- 1 cuillère à soupe de moutarde de Dijon
- ½ cuillère à café de paprika en poudre
- ½ cuillère à café de cumin en poudre
- 1 oignon vert, émincé
- ½ tasse de bouillon de poulet
- 1 ½ tasses de crème fraîche
- 50g de fromage bleu
- 500g de crevettes décortiquées
- Sel et poivre

## Préparation

1. Dans un bol, mélanger les crevettes, l'huile d'olive, 2 gousses d'ail hachées, le paprika, le cumin, l'oignon vert, le sel et le poivre. Recouvrir d'une pellicule transparente et réserver.
2. Cuire les pâtes dans de l'eau bouillante salée. Égoutter et réserver.
3. Dans un grand poêle, faire fondre 1 cuillère à soupe de beurre à feu moyen et cuire les crevettes chaque bord, juste assez pour qu'elles soient légèrement rosées. Réserver.
4. Dans la même poêle, faire fondre le beurre à feu moyen et faire revenir l'échalote, les champignons, l'ail, le sel et le poivre.
5. Ajouter la crème fraîche et le fromage bleu et remuer jusqu'à ce que le fromage soit fondu. Ajouter le bouillon de poulet et laisser mijoter 2 minutes.
6. Ajouter les crevettes et les pâtes et bien mélanger. Servir chaud et garnir de persil et de parmesan si souhaité.

## Astuces

Ajouter un peu de vin blanc sec à la sauce pour donner un peu plus de profondeur de goût.

Si vous ne disposez pas de bouillon de poulet, vous pouvez le remplacer par du bouillon de légumes.

# Fettuccine Jambalaya

Préparation **25 minutes**

Pour **4 personnes**

*630 calories*

*24g lipides*

*57g glucides*

*7g fibres*

*45g protéines*

*9g sucres*

*1330mg sodium*

## Ingrédients

- 1 poitrine de poulet, coupée en dés
- 12 crevettes
- 2 saucisses italiennes épicées, coupées en rondelles
- 1 boite de tomates pelées en dés (400g)
- 1 poivron vert, coupé en dés
- 1 oignon vert, émincé
- 2 cuillères à soupe d'épices cajuns
- 1 tasse de sauce marinara
- 400g de fettuccine
- Sel et poivre
- 2 cuillères à soupe d'huile d'olive

## Préparation

1. Dans une grande poêle, chauffer l'huile d'olive à feu moyen. Ajouter le poulet et

les saucisses. Cuire 5 minutes.
2. Ajouter les poivrons et les oignons verts dans la poêle et cuire pendant 2 minutes.
3. Ajouter les crevettes, les tomates en dés, les épices cajuns et la sauce marinara dans la poêle. Assaisonner avec du sel et du poivre.
4. Baisser le feu et laisser mijoter 10 minutes pour que les saveurs se mélangent.
5. Pendant ce temps, faire cuire les fettuccine dans de l'eau bouillante salée jusqu'à ce qu'ils soient al dente. Égoutter les pâtes et réserver.
6. Lorsque la sauce est prête, ajouter les pâtes cuites dans la poêle. Mélanger soigneusement.
1. Servir chaud, garni d'oignons verts émincés.

## Astuces

Pour une version sans porc, remplacer les saucisses italiennes par des saucisses de poulet épicées.

Pour plus de saveurs, ajouter des herbes fraîches comme du thym ou du basilic à la sauce.

Si vous utilisez des crevettes congelées, les décongeler complètement avant de les ajouter à la poêle. Les laisser décongeler au réfrigérateur pendant la nuit ou les passer sous l'eau froide pendant quelques minutes.

Ajouter du fromage râpé comme du parmesan ou du pecorino romano pour un goût encore plus savoureux.

# Udon au concombre et sauce arachide

Préparation **10 minutes**

Pour **2 personnes**

*570 calories*

*22g lipides (dont 3g d'acides gras saturés)*

*78g glucides*

*20g protéines*

*6g fibres*

*1020mg sodium*

## Ingrédients

- 400g de nouilles udon
- ½ concombre, coupé en fines lanières
- 1 bok choy, haché grossièrement
- 3 oignons verts, émincés
- 2 cuillères à soupe de coriandre fraîche, hachée
- 3 cuillères à soupe de beurre d'arachide
- ¼ tasse d'eau chaude
- 2 cuillères à soupe de sauce soja
- 2 cuillères à soupe de vinaigre de riz
- 1 cuillère à soupe d'huile de sésame
- 1 gousse d'ail, haché
- ½ cuillère à café de gingembre frais
- 1 piment rouge
- Graines de sésame

## Préparation

1. Faire cuire les nouilles udon et les feuilles de bok choy pendant 3 minutes dans de l'eau bouillante et les égoutter.
2. À l'aide d'un mixeur, mélanger le beurre d'arachide, l'eau chaude, la sauce soja, le vinaigre de riz, l'huile de sésame, l'ail, le gingembre et le piment rouge, jusqu'à ce que la sauce soit homogène.
3. Dans un gros bol, mélanger les nouilles udon, le bok choy, les lanières de concombre, les oignons verts, la coriandre et la sauce pour bien les enrober.
4. Servir les nouilles udon et saupoudrez de graines de sésame.

## Astuces

Ajouter des dumplings pour plus de saveurs.

Si vous n'avez pas de mixeur, vous pouvez également mélanger la sauce à la main. Hacher finement l'ail, le gingembre et le piment rouge. Fouetter le beurre d'arachide avec l'eau chaude pour le rendre plus lisse, puis ajouter les autres ingrédients un par un, en remuant bien entre chaque ajout.

Si vous n'aimez pas les plats épicés, vous pouvez omettre le piment rouge ou en ajouter une petite quantité pour un peu de chaleur.

# Chili con carne

Préparation **30 minutes**

Pour **4 personnes**

*400 calories*

*20g lipides*

*25g glucides*

*7g fibres*

*25g protéines*

## Ingrédients

- 500g de viande hachée
- 1 oignon, finement haché
- 2 gousses d'ail, émincées
- 1 poivron rouge, épépiné et coupé en petits dés
- 1 boîte de tomates en dés (400g)
- 1 boîte d'haricots rouges (400g)
- 2 cuillères à soupe de poudre de chili
- 1 cuillère à soupe de cumin
- 1 cuillère à café de paprika
- ½ cuillère à café de sel
- 2 cuillères à soupe d'huile d'olive
- 250ml d'eau

## Préparation

1. Dans une grande casserole ou une cocotte, chauffer l'huile d'olive à feu

moyen-vif. Ajouter l'oignon et faire revenir pendant 2 min. Ajouter l'ail et faire revenir pendant 30 secondes.
2. Ajouter la viande hachée et la faire cuire pendant environ 5 minutes en remuant régulièrement jusqu'à ce qu'elle soit bien dorée
3. Ajouter le poivron rouge et continuer à cuire pendant 2 minutes supplémentaires.
4. Ajouter les tomates, les haricots, la poudre de chili, le cumin, le paprika et le sel. Bien mélanger tous les ingrédients ensemble.
5. Ajouter l'eau, couvrir la casserole et laisser mijoter pendant 20 minutes, en remuant régulièrement.
6. Une fois la cuisson terminée, servir le chili dans des bols individuels.

## Astuces

Pour plus de saveur, faire revenir les épices dans l'huile avant d'ajouter les légumes et la viande. Cela permettra aux arômes de se libérer et de se mélanger plus efficacement.

Pour un chili plus épicé, ajouter des piments jalapeños ou d'autres piments forts. Les émincer finement et les ajouter avec le poivron rouge.

Pour une texture plus épaisse et plus crémeuse, ajouter une cuillère à soupe de pâte de tomate avec les tomates en dés.

Pour un repas plus complet, servir le chili avec du riz, des tortillas ou des chips de maïs. Garnir avec du fromage râpé, de la crème sure, de l'oignon vert émincé, de la coriandre ou d'autres garnitures selon votre goût.

# Poulet au curry

Préparation **30 minutes**

Pour **4 personnes**

*390 calories*

*24g lipides*

*17g glucides*

*3g fibres*

*29g protéines*

*6g sucres*

*550mg sodium*

## Ingrédients

- 4 filets de poulet, coupés en dés
- 1 oignon, haché
- 2 gousses d'ail, hachées
- 1 cuillère à soupe d'huile d'olive
- 1 cuillère à soupe de pâte de curry rouge
- 400ml de lait de coco
- 2 cuillères à soupe de sauce soja
- 1 cuillère à soupe de sucre brun
- 1 poivron rouge, coupé en lanières
- Coriandre fraîche, hachée
- Sel et poivre

## Préparation

1. Dans une poêle, faire chauffer l'huile à feu moyen. Ajouter l'oignon et faire revenir jusqu'à ce qu'il soit doré.

2. Ajouter l'ail et remuer.
3. Ajouter la pâte de curry et remuer pendant 1 minute.
4. Ajouter les dés de poulet et faire dorer de tous les côtés.
5. Ajouter le lait de coco, la sauce soja, le sucre et le poivron rouge. Porter à ébullition, puis réduire le feu et laisser mijoter pendant 10 minutes, jusqu'à ce que le poulet soit cuit et la sauce soit épaissie.
6. Ajouter du sel et du poivre.
7. Servir et garnir de coriandre.

gingembre râpé et de sel pendant au moins 30 minutes avant la cuisson.

Si vous aimez les plats épicés, ajouter des piments rouges frais ou séchés avec la pâte de curry rouge. Ajouter également d'autres épices comme du cumin ou du curcuma en poudre pour plus de saveur.

Accompagner de riz ou de pain naan.

## Astuces

Utiliser du lait de coco épais pour une texture crémeuse et riche en saveur.

Pour une sauce plus épaisse, ajouter de la pâte de tomate ou de la purée de tomate.

Pour une viande plus tendre et juteuse, mariner le poulet dans un mélange de yaourt nature, de jus de citron, de

# Rougail saucisses

Préparation **30 minutes**

Pour **4 personnes**

*335 calories*

*24g lipides*

*10g glucides*

*2g fibres*

*19g protéines*

*1400mg sodium*

## Ingrédients

- 6 saucisses fumées
- 4 tomates moyennes, coupées en dés
- 2 oignons rouges, coupés en lamelles
- 3 gousses d'ail, émincées
- 2 cuillères à soupe d'huile végétale
- 1 branche de thym frais
- 2 piments oiseau, hachés finement
- Sel et poivre

## Préparation

1. Piquer les saucisses et les mettre dans de l'eau bouillante d'une grande casserole pendant 10 minutes.
2. Pendant ce temps, préparer les ingrédients.
3. Vider la casserole et couper les saucisses en tronçons de 2cm.

4. Faire chauffer l'huile à feu moyen dans la même casserole et faire revenir les saucisses jusqu'à ce qu'elles soient dorées, pendant environ 5 minutes, en remuant de temps en temps.
5. Ajouter les oignons et le thym et remuer.
6. Ajouter l'ail et le piment et remuer.
7. Ajouter les tomates, mélanger et couvrir. Laisser mijoter pendant 4 minutes.
8. Ajouter 1 tasse d'eau, remuer et couvrir à nouveau. Laisser mijoter pendant 7 minutes.
9. Retirer du feu et servir avec du riz blanc.

de poulet en sautant l'étape de les faire bouillir.

Pour émincer facilement les gousses d'ail, les écraser avec le plat d'un couteau avant de les couper en petits morceaux.

## Astuces

Garnir d'oignons verts frais émincés pour ajouter de la couleur et de la saveur.

Pour une version sans porc, remplacer par des saucisses

## À PROPOS DE L'AUTEUR

Nathalie Marie-Jeanne Hibon est une passionnée de cuisine originaire de l'île de la Réunion. Elle a grandi en apprenant les secrets de la cuisine réunionnaise, une fusion unique de différentes cultures culinaires. Après avoir déménagé au Canada, Nathalie a poursuivi sa passion pour la cuisine en explorant les différentes cuisines du monde à travers ses voyages et en adaptant ses propres recettes pour créer des plats uniques et savoureux. Elle vit actuellement au Québec et a décidé de partager ses connaissances culinaires en écrivant ce livre de recettes, composé de ses 30 plats coup de cœur. Elle espère que ceux-ci inspireront les gens à découvrir et à apprécier la cuisine réunionnaise ainsi que les différentes cuisines du monde.

# Les 30 indispensables

1. **Ail**: L'ail est un aromate originaire d'Asie centrale, indispensable dans de nombreuses recettes. Il a un goût et un arôme piquants et forts. Il est souvent utilisé pour ajouter de la saveur aux plats salés tels que les soupes, les sauces, les viandes et les légumes. L'ail est riche en antioxydants et en composés bénéfiques pour la santé.
2. **Basilic**: Le basilic est une herbe aromatique utilisée dans la cuisine méditerranéenne et asiatique. Le basilic a un goût frais et légèrement sucré, avec un arôme intense et herbacé. Il est utilisé dans les sauces, les salades, les pizzas, les soupes, les pâtes et les viandes grillées. Le basilic est riche en antioxydants et en nutriments, tels que la vitamine K et le fer.
3. **Beurre**: Le beurre est un produit laitier utilisé pour la cuisine, la pâtisserie et la tartinade. Le beurre est une source de vitamine A et de vitamine D.
4. **Bouillon de poulet ou de légumes**: Le bouillon de poulet ou de légumes peut être utilisé comme base pour les soupes, les sauces et les ragoûts.
5. **Citron**: Le citron est un agrume utilisé pour ajouter de la saveur et de l'acidité à de nombreuses recettes, notamment les sauces, les marinades et les desserts. Il est également souvent utilisé dans les boissons et les produits de soins de la peau. Les citrons sont riches en vitamine C, en fibres et en antioxydants.
6. **Coriandre**: La coriandre est une herbe aromatique couramment utilisée dans la cuisine du Moyen-Orient, de l'Inde, de l'Asie et d'Amérique latine. La coriandre a un goût frais et citronné, avec un arôme distinctif et herbacé. Elle est utilisée dans les currys, les soupes, les ragoûts, les salades et les marinades. La coriandre est riche en antioxydants et en nutriments, tels que la vitamine C, le potassium et le calcium.
7. **Crème fraîche**: La crème fraîche est un ingrédient polyvalent qui est utilisé dans de nombreuses recettes sucrées et salées. Elle est utilisée pour ajouter de la richesse et de la texture à une variété de plats, y compris les soupes, les sauces, les currys, les pâtes, les desserts et bien plus encore.
8. **Cumin**: Le cumin est une épice à saveur terreuse, chaude et amer, avec une légère note de noisette. Le cumin est utilisé dans

une variété de plats, y compris les soupes, les ragoûts, les currys, les riz, les légumes, les viandes et les trempettes. Il est également souvent utilisé pour aromatiser le pain, les sauces et les marinades. Le cumin est une bonne source de fer, de magnésium, de calcium, ainsi que de vitamine B1. Il contient également des antioxydants et des composés bénéfiques pour la santé.
9. **Curcuma**: Le curcuma est une épice largement utilisée dans la cuisine indienne et asiatique. Le curcuma a un goût légèrement amer, chaud et poivré, avec un arôme terreux et légèrement floral. Le curcuma est utilisé dans les currys, les ragoûts, les soupes, les légumes, les viandes et les poissons. Le curcuma est connu pour ses propriétés anti-inflammatoires et antioxydantes
10. **Farine**: La farine est utilisée pour la pâtisserie, les sauces et les panures. La farine tout usage est une option polyvalente.
11. **Gingembre**: Le gingembre est une racine aromatique, originaire d'Asie, qui a un goût chaud, épicé et légèrement sucré, avec un arôme frais et piquant. Il est utilisé dans une variété de plats, y compris les soupes, les currys, les marinades, les ragoûts, les desserts et les boissons. Le gingembre est connu pour ses propriétés anti-inflammatoires et pour aider à soulager les nausées et les douleurs menstruelles. Il est également riche en antioxydants.
12. **Huile de sésame**: L'huile de sésame est une huile végétale extraite de graines de sésame, largement utilisée dans la cuisine asiatique. Elle a une saveur distinctive de noisettes. L'huile de sésame peut être utilisée comme assaisonnement pour les salades, les légumes et les viandes grillées. Elle peut également être utilisée comme ingrédient dans les marinades et les sauces. L'huile de sésame est riche en acides gras monoinsaturés et polyinsaturés, qui sont des graisses saines pour le cœur. Elle contient également des antioxydants, tels que la vitamine E.
13. **Huile d'olive**: L'huile d'olive est une huile végétale, produite à partir d'olives, un fruit cultivé en région méditerranéenne. L'huile d'olive est saine et polyvalente qui peut être utilisée pour faire sauter, rôtir et griller les aliments, ainsi que pour les vinaigrettes et les marinades. L'huile d'olive extra-vierge a une

saveur fruitée et une couleur vert foncé. L'huile d'olive est riche en acides gras monoinsaturés, en vitamine E, en antioxydants et en polyphénols.

14. **Lait**: Le lait est un ingrédient de base pour de nombreuses recettes de pâtisserie et de dessert. Le lait est une source importante de nutriments, notamment de protéines, de calcium, de vitamine D et de vitamine B12.
15. **Laurier**: Le laurier est une herbe aromatique couramment utilisée dans la cuisine méditerranéenne. Le laurier a un goût légèrement amer et astringent, avec un arôme distinctif et herbacé. Il est utilisé dans les soupes, les ragoûts, les marinades et les sauces. Le laurier est riche en antioxydants et en nutriments, tels que la vitamine A et le fer.
16. **Miel**: Le miel est un liquide sucré et visqueux produit par les abeilles à partir du nectar des fleurs. Le miel est un aliment utilisé dans de nombreuses recettes, y compris les boissons chaudes, les pâtisseries, les sauces et les marinades. Le miel est riche en antioxydants, en enzymes et en nutriments tels que la vitamine C et les minéraux.
17. **Moutarde de Dijon**: La moutarde de Dijon est originaire de la ville de Dijon, en France. Elle est considérée comme plus douce est plus aromatique que d'autres variétés de moutarde. Contrairement à la moutarde américaine, qui est préparée avec de la poudre de moutarde, la moutarde de Dijon est préparée avec des graines de moutarde entières ou partiellement broyées, ce qui lui donne une texture plus épaisse et plus granuleuse. La moutarde est un ingrédient de base dans de nombreuses recettes, notamment les vinaigrettes, les sauces et les marinades.
18. **Œufs**: Les œufs sont utilisés dans de nombreuses recettes, notamment dans les pâtisseries, les omelettes, les quiches et les plats de pâtes. Ils peuvent également être utilisés pour épaissir les sauces et les crèmes. Les œufs sont riches en nutriments importants tels que la vitamine B12, la vitamine D, le sélénium et le choline. Les œufs sont une excellente source de protéines de haute qualité, qui contiennent tous les acides aminés

essentiels dont notre corps a besoin. Les œufs sont également une source importante de graisses saines, y compris des acides gras oméga-3.
19. **Oignons**: Les oignons sont une base pour de nombreuses recettes et peuvent être utilisés crus ou cuits. Les oignons ont une saveur forte et piquante, mais ils peuvent également être doux lorsqu'ils sont cuits. Ils sont riches en antioxydants et en composés sulfurés. Les oignons sont également une bonne source de vitamine C, de vitamine B6 et de potassium. Éplucher les oignons peut faire pleurer en raison de l'enzyme libérée lorsqu'ils sont coupés, mais il existe des astuces pour réduire cet effet, comme mettre les oignons au réfrigérateur avant de les couper.
20. **Pâtes**: Les pâtes sont souvent associées à la cuisine italienne, mais elles sont consommées dans de nombreuses cultures, y compris en Asie, en Afrique du Nord, et en Amérique latine. Les pâtes sont un élément de base pour de nombreux plats, notamment les pâtes à la sauce tomate, à la sauce rosée ou à la crème fraîche, les lasagnes, les salades de pâtes, etc. Les pâtes sont une source importante de glucides, qui fournissent de l'énergie au corps. Elles contiennent également des protéines végétales et peuvent être enrichies en vitamines et en minéraux.
21. **Poivre**: Le poivre est dérivé de la plante de poivre, qui est originaire d'Inde. Le poivre est une épice très populaire, utilisée dans le monde entier pour ajouter de la saveur et du piquant aux plats. Le poivre est riche en antioxydants et en composés bénéfiques pour la santé. Le poivre noir est le plus couramment utilisé dans la cuisine.
22. **Paprika**: Le paprika est une épice à base de poivrons séchés et moulus. Il est originaire d'Amérique centrale et est largement utilisé dans la cuisine hongroise, espagnole, et d'autres régions du monde. Le paprika est une épice polyvalente et savoureuse qui ajoute de la saveur, de la couleur et de la chaleur à de nombreux plats différents. Le paprika est utilisé dans les soupes, les ragoûts, les rôtis, les marinades, les sauces, les salades, les

trempettes et bien plus encore. Le paprika est une bonne source de vitamine C, de vitamine E, de vitamine B6 et d'antioxydants.
23. **Persil**: Le persil est une herbe aromatique originaire de la région méditerranéenne et populaire dans de nombreuses cuisines à travers le monde. Il est utilisé dans les soupes, les sauces, les salades et les plats de pâtes. Le persil est riche en vitamines et en minéraux, tels que la vitamine K, la vitamine C et le fer.
24. **Riz**: Le riz est une céréale qui pousse dans les régions humides et chaudes. Il est cultivé dans de nombreux pays, notamment en Asie, en Afrique et en Amérique latine. Le riz est un ingrédient de base pour de nombreux plats, notamment les ragoûts, les currys et les plats de riz. Le riz est une source importante de glucides, qui fournissent de l'énergie au corps. Il contient également des protéines végétales et peut être enrichi de vitamines et de minéraux.
25. **Sauce soja**: La sauce soja est une sauce fermentée à base de soja, originaire de Chine. La sauce soja est un ingrédient de base dans de nombreuses recettes asiatiques, utilisée pour ajouter de la saveur salée aux sautés et aux marinades. La sauce soja est riche en acides aminés et en glutamate monosodique, qui lui confèrent une saveur umami distincte. Elle est également une source de protéines végétales et de vitamines et minéraux.
26. **Sel**: Le sel est un minéral composé principalement de chlorure de sodium. Il est largement utilisé dans la cuisine pour rehausser la saveur des aliments. Le sel est essentiel à la vie et est nécessaire pour de nombreuses fonctions corporelles.
27. **Thym**: Le thym est une herbe aromatique populaire dans la cuisine méditerranéenne. Le thym à un goût chaud et épicé, avec un arôme boisé et herbacé. Il est souvent utilisé pour ajouter de la saveur à des plats, tels que les soupes, les ragoûts, les marinades et les sauces. Il est souvent associé à d'autres herbes, comme le romarin et le laurier, pour créer des mélanges d'herbes. Le thym est riche en antioxydants et en composés bénéfiques pour la santé, tels que le thymol.

28. **Tomates**: Les tomates sont originaires d'Amérique du Sud et centrale, mais elles sont maintenant cultivées dans le monde. Les tomates sont un fruit souvent utilisé cru dans des salades, des sandwichs et des salsas, mais elles sont également cuites dans des soupes, des sauces et des plats principaux. Les tomates sont riches en vitamines et minéraux tels que la vitamine C, la vitamine K, le potassium et le lycopène, un antioxydant qui a été associé à la prévention de certains types de cancer.
29. **Vinaigre balsamique**: Le vinaigre balsamique est un type de vinaigre originaire de la région de Modène, en Italie. C'est un assaisonnement doux et savoureux qui peut être utilisé pour les salades, les viandes et les légumes. Le vinaigre balsamique est riche en antioxydants, qui peuvent aider à protéger les cellules du corps contre les dommages causés par les radicaux libres. Il contient également des acides aminés et des minéraux tels que le fer, le magnésium et le potassium.
30. **Vinaigre de riz**: Le vinaigre de riz est un type de vinaigre produit à partir de riz fermenté, souvent utilisé dans la cuisine asiatique. Le vinaigre de riz a une saveur douce et acide. Il est plus doux que les autres vinaigres et est souvent utilisé pour rehausser la saveur des plats, sans les rendre trop acides. Il est souvent utilisé comme ingrédient pour les sushis, les sauces, les marinades et les crevettes. Le vinaigre de riz contient des antioxydants, des acides aminés et des vitamines.

Printed in France by Amazon
Brétigny-sur-Orge, FR

13819648R00047